Robert Neville

Petite histoire politique de Givors

Extrait du livre
"**Livre noir de la mairie de Givors** (2011)"

Table des matières

Chemin du Vieux Donjon sur la colline Saint Gérald

Architecture Renaudie

Introduction

Givors est une commune de près de 20 000 habitants dans le département du Rhône.
Elle est dirigée depuis 1953 par le parti communiste...

Givors a été de tous temps une ville de mariniers.

C'était la ville des hommes forts. J'emploie l'imparfait, car cette idée des hommes forts était liée au fait qu'y habitaient de véritables hommes forts, des gens qui travaillaient très dur dans les différents ports fluviaux de Givors, puis ensuite à la gare d'eau, des crocheteurs, des mariniers qui tenaient ferme la barre en décize, ou en remonte, quand le convoi de bateaux était halé par des bœufs ou des chevaux.

Il y avait aussi l'usine, la verrerie qui existait là depuis des siècles, puis la sidérurgie, puis, la métallurgie.

Charles Lenthéric, auteur du livre « Le Rhône - Histoire d'un fleuve... » Publié en 1905, décrit Givors ainsi :

« A quelques kilomètres en aval de Lyon, un nuage épais couvre la rive droite et annonce la présence d'une agglomération industrielle considérable. On stoppe le long d'un quai noirci par la poussière du charbon. C'est Givors.

« La petite rivière du Gier est le premier affluent un peu sérieux du Rhône au-dessus de Lyon. La vallée du Gier, assez largement ouverte sur le grand fleuve, est orientée presque en droite ligne du Nord-Est au Sud-Ouest et dessert une interminable série d'établissements industriels. Verreries, fours à coke, hauts fourneaux, forges, fonderies, aciéries, sont échelonnés des deux côtés de la rivière. Un petit canal d'une vingtaine de kilomètres et qui ne compte pas moins de quarante-trois écluses, longe la rivière et sert, concurremment avec le chemin de fer, à la manutention des houilles, des minerais et de tous les produits métallurgiques du bassin.

« (Le Gier) était autrefois une jolie rivière ; ce n'est plus aujourd'hui qu'un grand égout. »

Cette description ne correspond plus à la situation actuelle car ces vieilles industries ont disparu, le charbon des mines de Saint Etienne s'est tari, la sidérurgie s'est modernisée et a évolué.

Les communistes, toujours prompts à accuser le capitalisme, le rendent responsable de cette "désindustrialisation".

Pourtant, heureusement que l'industrie n'est plus ce qu'elle était à cette époque.

L'évolution industrielle a bien eu lieu, et c'est normal.

Ce qui n'a pas été normal c'est que les communistes au pouvoir à la mairie depuis 1953 n'ont pas su accompagner cette évolution industrielle. Ils se sont arc-boutés sur la « lutte des classes »… Il eût fallu conserver la vocation industrielle de Givors, y faire venir des industries modernes, comme d'autres communes l'ont réussi, y compris dans la vallée du Gier.

Aujourd'hui il n'y a plus aucune industrie. Givors est devenue une ville dortoir avec en sa « banlieue » un gigantesque centre commercial qui a l'air de ne pas faire partie de la ville.

Ce n'est pas mon propos ici d'écrire une histoire de Givors. Sans doute qu'un jour je m'y mettrai.

Il s'agit ici simplement de relater les affaires qui ont émaillé le début du troisième millénaire à Givors.

Maintenant laissez-vous plonger dans les affaires de la mairie de Givors.

Bonne lecture !

"Château" Saint Gérald

Le pont de Chasse et... son reflet

Histoire politique de Givors

En 1953, sur 27 conseillers municipaux, les électeurs avaient élu 13 conseillers communistes et apparentés et 14 élus de droite et socialistes. Malgré l'accord politique entre la droite et la SFIO, lors de la séance du conseil municipal pour l'élection du maire, un élu socialiste, Henri Broues, a voté pour Camille Vallin. Ce dernier fut donc élu à une voix de majorité. Ce fut une agréable surprise pour les uns et une catastrophe pour les autres. En ce qui concerne la commune, ce fut le début d'une très longue période de paupérisation continue.

Le PCF fut dominant dans la commune de manière arrogante pendant de longues années : en 1971 la liste « Vallin » se présenta seule. En 1977, seule une liste « écologiste » composée de très jeunes gens se présenta contre Vallin, dont certains membres furent présents en 1989 sur la liste Vallin et en 1995 sur la liste Passi. Enfin, en 1983, le député Hamel, réunit une liste très combative contre Vallin (avec Bahu en second) et réalisa un très bon score (47 %) alors que la droite était absente des combats électoraux depuis près de trente ans !

Le fait que tous les moyens de propagande municipaux ont été mis au service de l'idéologie « communiste » pendant plus de 50 ans n'a fait, bien sûr, que renforcer cette idéologie dans la commune. Mais il faut noter que dès que la droite (ou tout autre opposition) se mobilise fermement contre cette idéologie, cette dernière recule de manière conséquente. Aujourd'hui, le PCF ne réalise que 5 % aux élections présidentielles. La droite a réuni 3200 voix au deuxième tour sur le nom de Sarkozy. Or JAMAIS les listes de gauche n'ont réalisé autant de voix aux municipales. La victoire est donc tout à fait possible, il "suffirait" de mobiliser l'électorat de droite comme a su le faire dans le passé Emmanuel Hamel par exemple, à une époque où le PCF faisait plus de 20 % au niveau national et près de 50 % à Givors ! Aujourd'hui il en fait dix fois moins.

Il est intéressant de se rappeler les deux périodes de gestion financière de la commune. Il y a eu la période Vallin et la période Passi (évidemment !).

Les deux périodes sont marquées par la même idéologie de « lutte des classes » : « Il faut faire payer les riches »... Or il n'y a pas de riches à Givors, en dehors des entreprises et encore il n'y en a presque plus. On a donc écrasé et on écrase encore d'impôts locaux les petites couches moyennes, celles qui ont économisé toute leur vie pour se construire une petite maison et qui paient des fortunes en taxe d'habitation et foncier bâti.

La période Vallin : partant de ce principe Vallin a écrasé les entreprises sous une taxe professionnelle (TP) battant tous les records au niveau national. Il faut savoir qu'en 1982, juste avant l'écrêtement des taux de TP réalisé par la loi, la TP à Givors avait un taux de 33% !!!!!

L'écrêtement s'est fait sur la base de deux fois la moyenne nationale qui était alors de 12,5%, Givors s'est donc trouvée avec un taux de 25 %, ce qui fut un souffle d'air pour les entreprises par rapport aux 33 %. Mais vous noterez que ce taux est quand même resté le double de celui de la moyenne nationale. Le différentiel avec les 33% a été compensé par une dotation de l'état (le fonds de compensation de la taxe professionnelle) que la commune touche toujours bien que fort dévalorisée).

Un autre aspect de la loi a été de lier les taux de la TP et celui de la taxe d'habitation (TH). L'excuse fut bonne de dire que l'on ne pouvait pas baisser le taux de la TH sans baisser le taux de la TP, donc on ne baissait rien...

Il faut savoir également que les dotations de l'Etat (notamment la dotation globale de fonctionnement : DGF) est basée sur l'effort fiscal et sur le potentiel fiscal : plus une commune est pauvre (bas potentiel fiscal) et plus elle fait payer d'impôts, plus elle touche de DGF...

Si Givors a un faible potentiel fiscal c'est dû essentiellement à la pauvreté de ses bases locatives, celles qu'on multiplie par les taux pour avoir le montant de l'impôt : elles sont calculées selon des critères nationaux (surface du bâti, commodités, fenêtres etc.) modulés par des critères locaux de classement dans différentes catégories par la commission communale des impôts. Cette faiblesse des bases locatives est le résultat d'une politique volontariste de Vallin : la construction de milliers de logements sociaux au rabais, à tel point, que par exemple, dès son élection en 1953, il ne s'est pas du tout préoccupé d'urbanisme mais de construire d'immenses cités avec de très petits logements comme la cité Croizat, Yves Farges... Ce qui fait que les locataires de ces logements ont une TH assez basse vu la petitesse de leur valeur locative, bien que le taux de la TH soit très élevé. De plus, étant pauvres ils sont souvent exonérés. Ainsi, les gens qui ont un logement « normal » genre petite villa, ont, eux, une valeur locative élevée et le même taux très élevé que les autres. Ainsi seulement 20 % de la population paie les impôts locaux de Givors...

Même avec une telle politique financière (car il s'agit bien de politique financière liée à une politique de logement et d'aménagements type pays de l'Est...) Givors a connu des difficultés financières.

La politique de Vallin a toujours été une politique de surendettement de la commune ; c'était le volontarisme stalinien : rien n'est impossible !

Avec un personnel pléthorique, la section de fonctionnement du budget dégageait rarement d'autofinancement... En effet, c'est l'excédent de la section de fonctionnement (le bénéfice en quelque sorte...) qui doit financer la section d'investissement. La politique des communistes était de voter des budgets en déséquilibre afin d'obliger le Préfet à imposer un équilibre et de pouvoir dire ensuite : c'est le préfet qui augmente les impôts !!! Bien que cette méthode soit tombée en désuétude, il semble que Balme, le maire actuel de Grigny, l'a encore utilisée il y a quelques années...

Enfin, il y a eu d'autres méthodes employées pour alimenter la section d'investissement sans autofinancement, une méthode que l'on peut qualifier de « cavalerie », consistant à vendre les « bijoux de famille », et, ceci en le vendant quasiment à soi-même ! Ainsi, la commune a vendu pour de grosses sommes ses logements (Croizat, Jean Cagne etc.) à la CODEGI, la société d'économie mixte de la ville alimentant ainsi (mais pour l'année de la vente seulement) la section d'investissement. Rappelons que la CODEGI a récemment suivi cette voie en vendant son patrimoine de logements sociaux à l'OPAC dans des conditions pas très claires. Il est incompréhensible que l'OPAC, présidée par Mercier, ait suivi dans cette affaire...

Quand Vallin a cédé la place à Passi la commune croulait sous les dettes...

Période Passi : lorsque Passi fut élu maire, il lui a été dit qu'il fallait assainir les finances communales. Passi a donc pris cela au mot et est passé d'un extrême à l'autre !

En conséquence, les impôts sont restés très élevés. Par le jeu de transferts de dettes vers la CCRS et le fait qu'il n'a quasiment rien fait en investissement pendant quinze ans, Passi a pu dégager un autofinancement suffisant pour rembourser progressivement les dettes de la commune. Pire même, son équipe est tellement désorganisée que depuis 2001, il dégage systématiquement un excédent de 6 millions d'euros dans la section d'investissement, excédent qu'il reporte d'un compte administratif à l'autre !!!! Or cette somme correspond exactement à la recette fiscale d'une année de la commune ! Une véritable gabegie. Passi a tenté de l'expliquer lors d'un conseil municipal en en donnant la faute aux… services techniques…

Cette équipe est impuissante : sa fainéantise n'a d'égale que sa propension à passer son temps à faire de la propagande pour son image au lieu de s'occuper des affaires de la commune…

Dans le domaine de l'urbanisme également (pourtant crucial pour l'avenir d'une commune) rien de sérieux n'a jamais été réalisé. Aucune vraie stratégie de développement d'un urbanisme durable n'a été construite ni soumise aux électeurs. Le centre-ville est en « restructuration » depuis plus de trente ans (il a commencé en 1970 avec la rénovation du Vieux Givors)… Le CUCS (Contrat urbains de cohésion sociale) porte encore aujourd'hui un jugement extrêmement négatif sur ce centre-ville : « (…) le quartier se caractérise par un déclin alarmant de l'activité commerciale, la présence d'un nombre important de logements sociaux, une vacance importante du parc de logements privés très dégradés, une paupérisation de la population, une délinquance encore présente (le centre reste le quartier le plus criminogène), et par voie de conséquence un espace urbain peu convivial et désorganisé … »[1]

---

[1] Ce document est signé par le Préfet, les sociétés d'HLM, le directeur de la Mission locale, le Grand Lyon, le Conseil général et la Caisse d'allocations familiales... Il est soumis au conseil municipal en sa séance du 25 juin 2007

Il y a eu la construction du quartier des Vernes (fini en 1976) qui fut plus déstructurant que structurant, qui a désorganisé la commune et accentué la concentration de misère. Là également la démolition récente de nombreux logements n'est qu'une confirmation de cet échec urbain… On pourrait également développer sur l'historique de la restructuration de ce quartier…

Le seul projet urbain un peu stratégique a été celui de Roland Castro en 1988, le projet « banlieues 89 » (déjà ce titre classait Givors comme une banlieue) qui n'avait rien de génial, il n'y avait pas besoin de Castro pour comprendre que la voie structurante de Givors est la nationale 86 qui traverse la ville dans un axe nord-sud !!!

Quant à Passi, il a poursuivi la liquidation volontaire du centre-ville par son déplacement vers la gare, projet « urbain » initié et développé par les services techniques des années 80 et 90 dirigés par des communistes.

On ne peut pas faire de social sans développer la création de richesses. Or ce n'est pas l'opinion de l'équipe dirigeant actuellement la mairie. Sous prétexte de solidarité, ils écrasent d'impôts une petite partie de la population, la moins pauvre de la commune, pour « aider » les plus pauvres. En fin de compte cette politique n'a fait que maintenir la majorité des habitants de Givors dans la pauvreté, avec le départ de toutes les entreprises de Givors. Et ceci n'a pas été une fatalité ou une quelconque volonté politique des gouvernements successifs (d'ailleurs plusieurs entreprises ont fermé sous des gouvernements d'union de la gauche !) mais bien le résultat de la politique des communistes !

Malgré la création à Givors d'une antenne de la chambre de commerce et de la chambre des métiers, la tentative de créer une association de développement regroupant les élus, les entreprises et les chambres consulaires (l'ADERS dissoute par Passi et Balme), à cause du maintien de la même politique soi-disant de « solidarité », l'hémorragie a continué...

Il n'est pas besoin de grands discours pour constater que depuis 1953 la pauvreté n'a cessé de s'aggraver à Givors, fruit d'une politique financière, économique et urbaine développée ci-dessus... Il faut néanmoins insister sur deux points : Passi a abandonné toute gestion de la population en supprimant la commission logement et en confiant la restructuration du centre-ville à l'OPAC ; c'est inimaginable de confier une restructuration de centre-ville à une société HLM ! D'autant plus que le travail de cet office HLM a été un désastre : il a accumulé un déficit d'un million d'euros pour pratiquement aucune réalisation. Rappelons que c'est Michel Mercier, en tant que ministre de l'agriculture qui a attribué la légion d'honneur à Passi. Peut-être peut-on comprendre derrière cela (en ajoutant la vente du patrimoine locatif de la CODEGI à l'OPAC) les remerciements à Passi de Michel Mercier, président du conseil général et président de l'OPAC.

Mairie de Givors, la Lune et Jupiter

Le "Château" Saint Gérald illuminé

CODEGI et Givors développement

Très tôt après son élection comme maire de Givors en 1953, Camille Vallin créa une société d'économie mixte avec le concours de la Caisse des dépôts dont c'est un des rôles d'aider à la création de telles sociétés.

Ces "SEM" présentent un double avantage, elles doivent être gérée comme des sociétés privées et donc n'ont pas de compte à rendre au citoyen sur leur gestion, et ont un marché tout prêt à leur service : la collectivité locale qui en est actionnaire.

Le tout nouveau conseil municipal communiste de Givors créa la SACVIG (société d'aménagement et de construction de la ville de Givors) dont la vocation principale était de construire des logements sociaux. Elle en construisit beaucoup, ainsi que des logements d'accession sociale à la propriété.

Au début des années 1980, avec la nouvelle loi de décentralisation de Gaston Deferre alors ministre de l'intérieur de François Mitterrand, les communes se virent dotées de compétences à géométrie variable, et notamment de la compétence économique.

La SACVIG fut transformée en CODEGI (construction et développement économique de Givors). La CODEGI ne réussit pas pour autant à être mieux lotie concernant sa structure de parts dans la société : la commune de Givors restait très majoritaire (80 % des actions) suivie par la caisse des dépôts et quelques actions détenues par des entreprises locales.

La CODEGI continua de construire beaucoup de logements sociaux et reçut une mission de développement économique de la ville sans vraiment avoir les moyens d'y faire face, le climat social très lourd et la taxe professionnelle très élevée ne le permettant pas.

Cette toute petite SEM traversa une crise grave dans les années 90 qui amenèrent sa direction à tenter de convaincre d'autres communes à la rejoindre pour apporter de l'argent frais, mais en vain.

La gestion des logements qui était confiée à une régie d'immeuble a été internalisée pour faire des économies et plus de rigueur a été demandé à cette gestion, car, de fait, appliquant une certaine idée du communisme, les gens qui ne payaient pas leur loyer pouvaient continuer à ne pas le faire impunément...

Au début du troisième millénaire, la CODEGI, exsangue, trouva le moyen de se faire de l'argent frais en vendant son parc de logements sociaux à l'OPAC. On ignore tout des termes de la négociation qui a eu lieu entre l'OPAC présidée par Michel Mercier et CODEGI présidée par le maire Martial Passi. On sait seulement que cela a abouti à la remise de la légion d'honneur à Passi par Mercier alors qu'il était ministre de l'agriculture !

L'OPAC a versé 10 985 264,03 euros à la CODEGI et a repris les prêts en cours pour un montant de 20 514 73, 97 euros. Cela a donc coûté 31 500 000 euros à l'OPAC.

Et, tenez-vous bien, Michel Mercier, président de l'OPAC a demandé à Michel Mercier président du Conseil général de garantir les prêts en cours et les prêts à réaliser par l'OPAC pour financer l'opération, soit 18 962 073,29 euros.

Un « prêté » pour un « rendu » entre Mercier, l'homme de droite ministre de Sarkozy et Passi, maire communiste et président de la CODEGI...

A cette occasion, CODEGI changea de nom et devint Givors Développement, abandonna la gestion et la construction de logements locatifs et garda sa compétence de développement économique et d'aménagement.

Cette société n'a jamais fait du bénéfice, elle a toujours présenté un déficit important, compensé par le fruit de la vente des logements sociaux.

Les élus d'opposition du conseil municipal ne cessent de dénoncer le fait que la commune est devenue la vache à lait de Givors développement, ne cessant de combler les déficits de ses opérations, aussi bien dans la construction immobilière que dans l'aménagement de la ZAC de VMC qui accumule un déficit apparent de trois millions d'euros. J'écris « apparent » car ce déficit ne comprend pas celui de l'EPORA qui est une institution qui a acheté les terrains au groupe VMC au prix du marché et l'a revendu à la ville 40 % de son prix seulement…

On peut s'étonner que lorsque la commune a adhéré au Grand Lyon qui a la compétence du développement économique et de l'urbanisme, Passi ait tenu à ce que la gestion de cette ZAC reste à la commune qui l'avait confiée à Givors développement, alors qu'il eût été logique que ce soit la communauté urbaine qui l'eût.

Vous pourrez dans *le Livre noir de la mairie de* comment, lors de plusieurs conseils municipaux, les élus du groupe "le Défi givordin" ont lutté contre le bradage des intérêts de la commune au profit de Givors Développement. Jusqu'à traîner le maire au tribunal administratif !

La cheminée de la verrerie après démolition de l'usine

La zone d'activité de "VMC"

Comme je l'indique dans l'introduction, la verrerie est une usine implantée à Givors depuis des siècles, car elle utilisait le charbon (terre noire) du bassin de Saint Etienne. La verrerie royale a été créée par le roi le 10 mai 1749.

La verrerie a fermé ses portes en janvier 2003.

Pendant que les manifestants criaient : « *Non à la fermeture de VMC* », les syndicalistes et le maire négociaient le reclassement du personnel dans d'autres verreries, notamment dans celle de Puy Guillaume dans le Puy de Dôme.

D'ailleurs, dès le 15 juillet 2002, le maire avait signé avec l'Etat et le groupe industriel une convention pour la reconversion du site.

Au départ, le rapport du plan local d'urbanisme de la zone prétendait à une grande ambition pour les activités qui devaient s'y installer : « activités commerciales, activités industrielles légères et de pointe, activités tertiaires, activités de loisirs. »

Quand on connaît la pollution qui imprègne le sol de ce site, tout cela fait sourire.

Le lecteur notera que cela était écrit en 2003 et que je rédige cet ouvrage en 2011. A l'heure où je l'écris seulement quelques bâtiments de concessionnaires automobiles sortent du sol.

Une institution d'Etat, l'EPORA, a acheté les terrains à VMC et les a revendus 60 % moins cher à la commune.

Passi, le maire, a dans un premier temps missionné un aménageur privé qui a présenté un projet très ambitieux.

Mais, Passi a congédié impoliment cet aménageur pour confier l'aménagement de la zone à la société d'économie mixte de la ville, la CODEGI (qui deviendra Givors Développement), qui s'est largement inspirée du projet de son prédécesseur qui en est resté pour ses frais.

Le projet ambitieux s'est réduit comme une peau de chagrin pour devenir un simple pôle automobile...

Il ne s'agit plus du tout de faire venir des richesses de l'extérieur mais de mettre un peu plus au large des entreprises commerciales trop à l'étroit là où elles sont (toutes dans le secteur de Givors).

L'affaire a donc traîné depuis des années et aujourd'hui, Givors Développement présente un bilan catastrophique de ce projet qui démarre à peine. Il est passé d'un coût de 6 millions d'euros au départ (sans compter la participation de l'EPORA) à plus de 10 millions aujourd'hui.

En effet au dernier bilan il est prévu trois millions de déficit, sans compter les aides de l'Etat dans le cadre du plan de relance, de l'aide énorme de l'EPORA qui a perdu beaucoup d'argent dans la revente des terrains (ce qui est son rôle) et de diverses autres aides publiques...

Quand la commune a adhéré au Grand Lyon, il eût été logique que ce dernier ayant la compétence économique, ainsi que celle de l'aménagement et de l'urbanisme, prenne en charge l'aménagement de cette zone. Mais cela ne s'est pas fait, sans doute pour faire plaisir à Passi qui tenait à son jouet qui coûte des millions à la collectivité...

Ceci dit, le Grand Lyon prend quand même deux millions de déficit à sa charge.

Il faut savoir aussi que le sol de cette zone est extrêmement pollué. Et pour bien faire il aurait fallu enlever une épaisse couche de terre polluée, l'évacuer sur un site de stockage spécialisé et la remplacer par de la terre propre. Mais cela aurait coûté beaucoup trop cher. Alors on construit sur un sol pollué ce qui a entraîné un arrêté du préfet qui limite les possibilités de constructibilité du sol.

Parallèlement, une association d'anciens verriers, réclame la reconnaissance de maladies professionnelles.

Voici ce que les élus du groupe d'opposition "le Défi givordin" au conseil municipal ont publié sur ce point sous le titre : « VMC : pollution, indignation et félicitations ! »

« Nous avons été informés de l'action d'une association d'anciens verriers qui réclament la reconnaissance de maladies professionnelles. S'il s'avère qu'il s'agit bien de maladies professionnelles, ils peuvent compter sur notre solidarité. Nous leur avions d'ailleurs proposé les services d'un expert en ce domaine, mais ils n'ont pas répondu à notre proposition. Nous n'avons pas connaissance de la position des syndicats de salariés sur les revendications de cette association. D'autre part, au moment de l'activité de l'usine, qu'avait fait le Comité d'hygiène, de sécurité et des conditions de travail ?

Cette usine était très polluante. Mais sur ce sujet, personne ne pipait mot à l'époque de son activité. Il est curieux d'ailleurs que le maire en ait conservé la cheminée, sans doute en mémoire de l'importante pollution qu'elle émettait...

Le maire fait pourtant part de son « indignation » concernant cette pollution à propos des revendications de l'association d'anciens verriers. C'est bien tard alors que l'usine est fermée depuis 2003 et qu'il n'a pas été capable d'empêcher sa fermeture.

D'autre part, son indignation est sélective puisqu'il se « félicite » de la réalisation d'un pôle automobile sur ce site très pollué. Les terres de la zone d'activités VMC (pôle automobile) sont tellement polluées qu'une annexe sanitaire du PLU reprend un arrêté du préfet qui INTERDIT certaines activités sur le site : interdiction d'aménagements et d'activités sensibles type jardins d'agrément, d'enfants, potagers, terrains de sport, aires de stationnement pour les gens du voyage, crèches, écoles, établissements sanitaires et constructions à usage résidentiel. Certaines zones sont même strictement INTERDITES de construction ! Brrrhhh ça fait frémir !

Le maire s'indigne de la pollution qui aurait rendu malade les verriers mais se félicite de la réalisation d'activités sur cette même pollution !

Quelle duplicité. »

Edifiant non ?

Il semble que Passi et Givors Développement découvrent à chaque nouveau projet que le sous-sol de Givors constitué de sédiments n'est pas propice à de grandes constructions et qu'il faut à chaque fois enfouir des piliers à plusieurs mètres de profondeur pour trouver un sol stable. Dans le cas de VMC il aurait fallu des piliers de vingt mètres de profondeur. Devant le coût, Givors Développement a préféré le compactage dynamique. Une grande grue laissait tomber un énorme poids pour tasser la terre. Auparavant, il avait fallu « purger » le terrain de ses énormes déchets : blocs de béton, tuyauteries, ferrailles, et même une bombe !

La Mairie et les illuminations de Noël

Givors...

Comment se procurer "Le Livre Noir de la mairie de Givors" ?

Il est édité chez Edilivre. Vous pouvez donc le commander en librairie ;
Vous pouvez l'acheter sur les libraires en ligne.
Par exemple Amazon :
http://www.amazon.fr/Livre-Mairie-Givors-Robert-Neville/dp/2812188022
Ou chez Chapitre :
http://www.chapitre.com/CHAPITRE/fr/BOOK/robert-neville/livre-noir-de-la-mairie-de-givors,41338643.aspx

Vous pouvez également acheter la suite parue en septembre 2015, *Les "Affaires givordines"* en Kindle :
http://www.amazon.fr/Affaires-Givordines-suite-Mairie-Givors-ebook/dp/B0153ECML2
Vous pouvez lire cette suite gratuitement sur tout écran :
 http://www.wobook.com/WByY7Tl6uh5y/Les-Affaires-givordines.html

A suivre encore !

Photos de l'auteur

Le sommaire du *Livre Noir de la mairie de Givors*